Impressum
Verlag: BABADADA GmbH, Nedderfeld 112 , 22529 Hamburg
Geschäftsführer / Verlagsleitung: Harald Hof
Druck: Books on Demand GmbH, In de Tarpen 42, 22848 Norderstedt

Imprint
Publisher: BABADADA GmbH, Nedderfeld 112 , 22529 Hamburg, Germany
Managing Director / Publishing direction: Harald Hof
Print: Books on Demand GmbH, In de Tarpen 42, 22848 Norderstedt, Germany

škola
sekolah

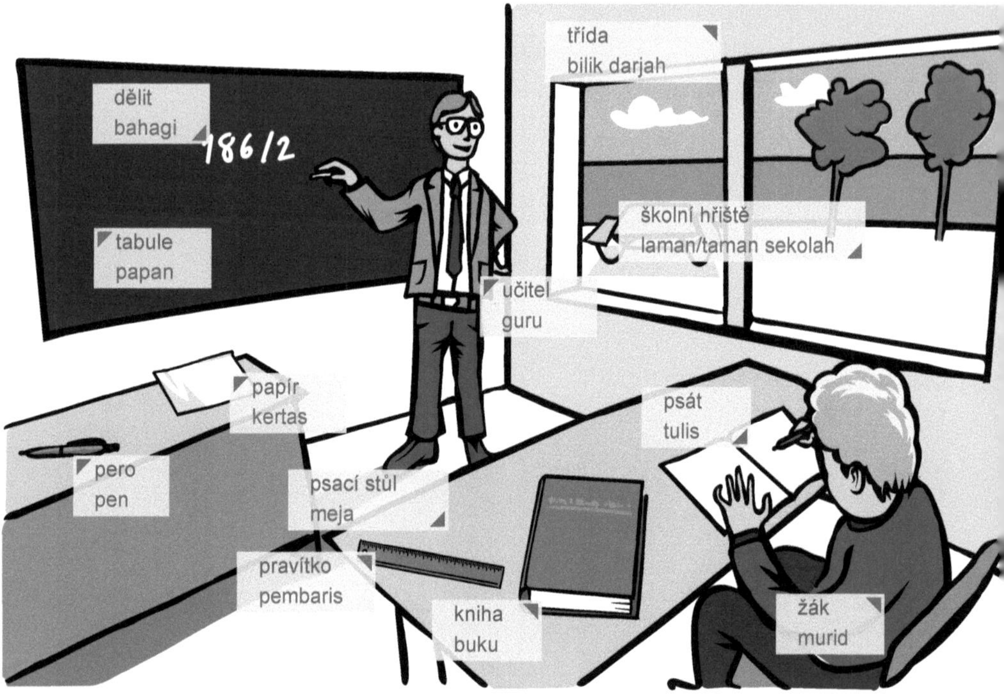

třída
bilik darjah
dělit
bahagi
186/2
tabule
papan
školní hřiště
laman/taman sekolah
učitel
guru
papír
kertas
psát
tulis
pero
pen
psací stůl
meja
pravítko
pembaris
kniha
buku
žák
murid

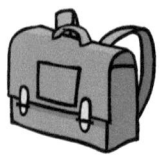

aktovka
beg galas

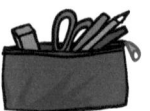

penál
kotak pensel

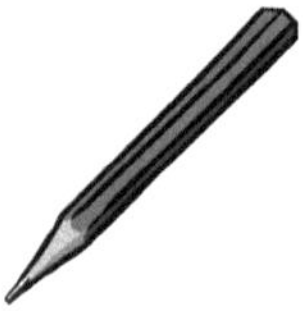

tužka
pensel

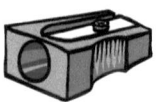

ořezávátko
pengasah pensel

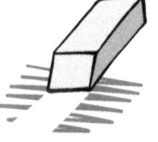

guma
pemadam

blok na kreslení
kertas lukisan

výkres

melukis

štětec

berus lukis

malířské potřeby

kotak warna

nůžky

gunting

lepidlo

gam

cvičebnice

buku latihan

domácí úkol

kerja rumah

počet

nombor

sčítat

tambah

odčítat

tolak

násobit

darab

počítat

kira

písmeno

huruf

abeceda

abjad

slovo

kata

text

teks

číst

baca

křída

kapur

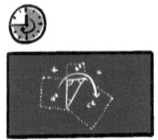

hodina

pelajaran

třídní kniha

daftar

zkouška

peperiksaan

vysvědčení

sijil

školní uniforma

uniform sekolah

vzdělání

pendidikan

encyklopedie

ensiklopedia

univerzita

universiti

mikroskop

mikroskop

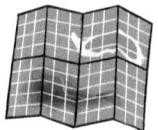

karta

peta

odpadkový koš na papír

bakul sampah

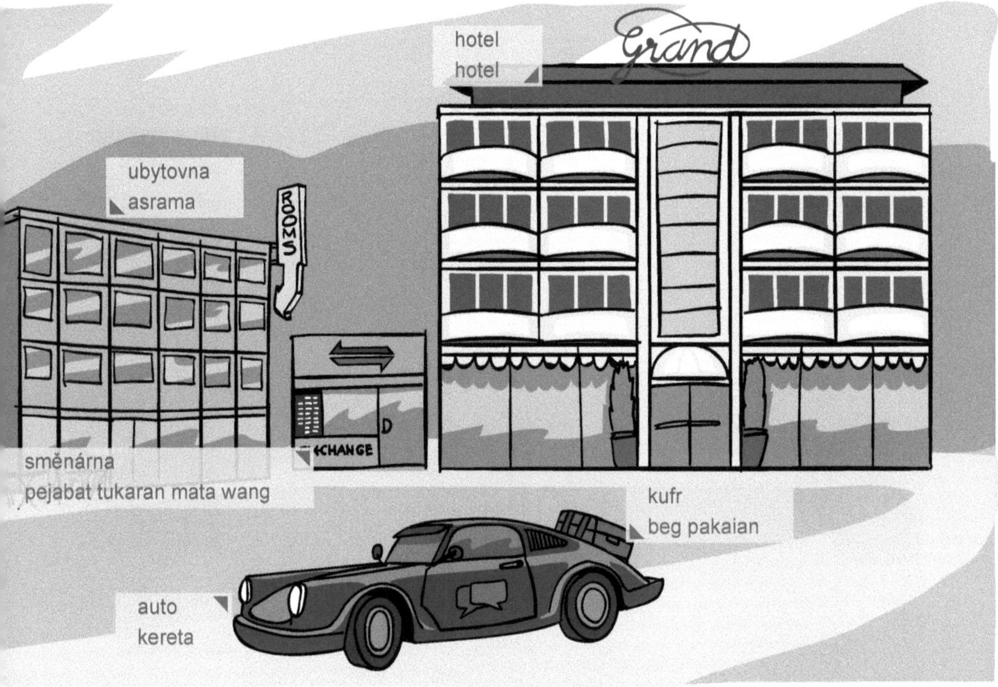

hotel
hotel

Grand

ubytovna
asrama

ROOMS

směnárna
pejabat tukaran mata wang

EXCHANGE

kufr
beg pakaian

auto
kereta

jazyk
bahasa

ano / ne
ya / tidak

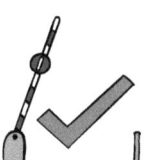

oukej
okey

Ahoj!
helo

překladatel
penterjemah

děkuji
Terima kasih

Kolik stojí...?

berapa banyak...?

nerozumím

saya tidak faham

problém

masalah

Dobrý večer!

Selamat petang!

Dobré ráno!

Selamat Pagi!

Dobrou noc!

Selamat Malam!

na shledanou

selamat tinggal

směr

arah

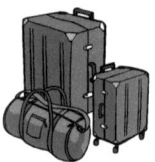

zavazadlo

bagasi

taška

beg

batoh

beg galas

host

tetamu

pokoj

bilik tidur

spací pytel

beg tidur

stan

khemah

turistické informace

maklumat pelancong

pláž

pantai

kreditní karta

kad kredit

snídaně

sarapan

oběd

makan tengah hari

večeře

makan malam

jízdenka

tiket

výtah

lif

poštovní známka

setem

hranice

sempadan

clo

kastam

poselství

kedutaan

vízum

visa

pas

pasport

transport
pengangkutan

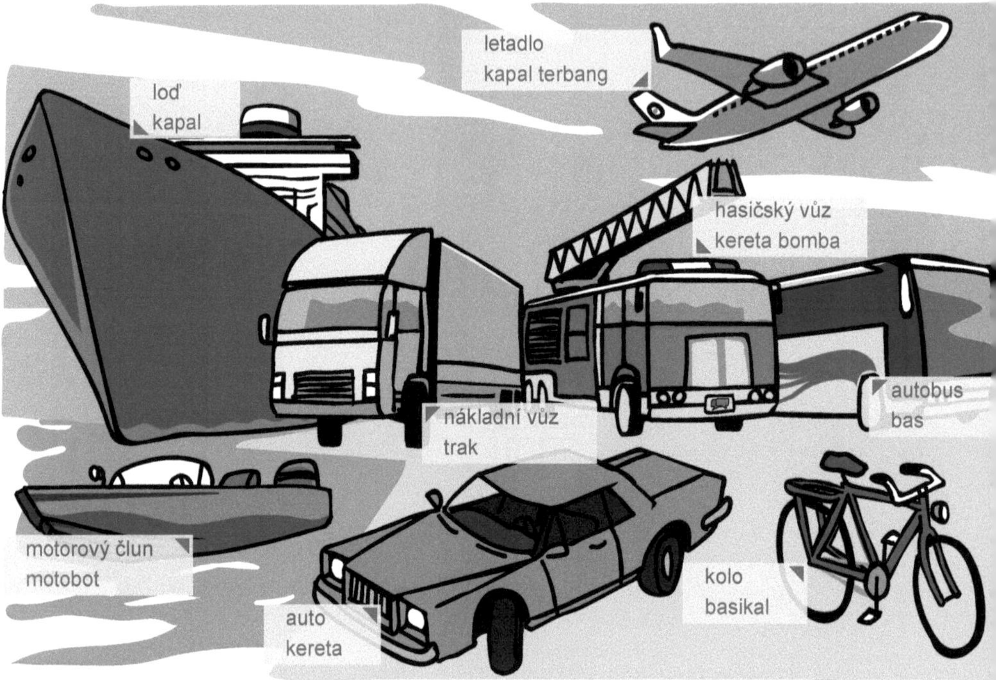

letadlo
kapal terbang
loď
kapal
hasičský vůz
kereta bomba
autobus
bas
nákladní vůz
trak
motorový člun
motobot
kolo
basikal
auto
kereta

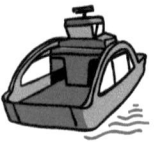

přívoz

feri

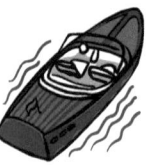

člun

bot

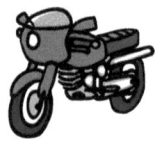

motorka

motosikal

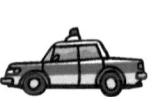

policejní auto

kereta polis

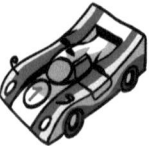

závodní auto

kereta lumba

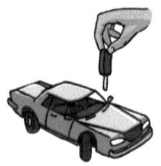

pronajaté auto

kereta sewa

sdílení aut

berkongsi kereta

odtahová služba

trak tunda

popelářský vůz

trak menolak

motor

motor

palivo

bahan api

čerpací stanice

stesen minyak

dopravní značka

tanda trafik

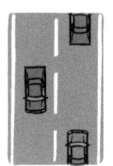

doprava

trafik

dopravní zácpa

kesesakan lalu lintas

parkoviště

tempat parkir

vlakové nádraží

stesen kereta api

koleje

trek

vlak

kereta api

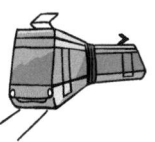

tramvaj

trem

vagón

gerabak

helikoptéra

helikopter

letiště

lapangan terbang

věž

Menara

pasažér

penumpang

kontejner

bekas

kartón

kadbod

trakař

kart

koš

bakul

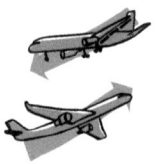

vzlétnout / přistát

berlepas / mendarat

město

bandar

vesnice

kampung

střed města

pusat bandar

dům

rumah

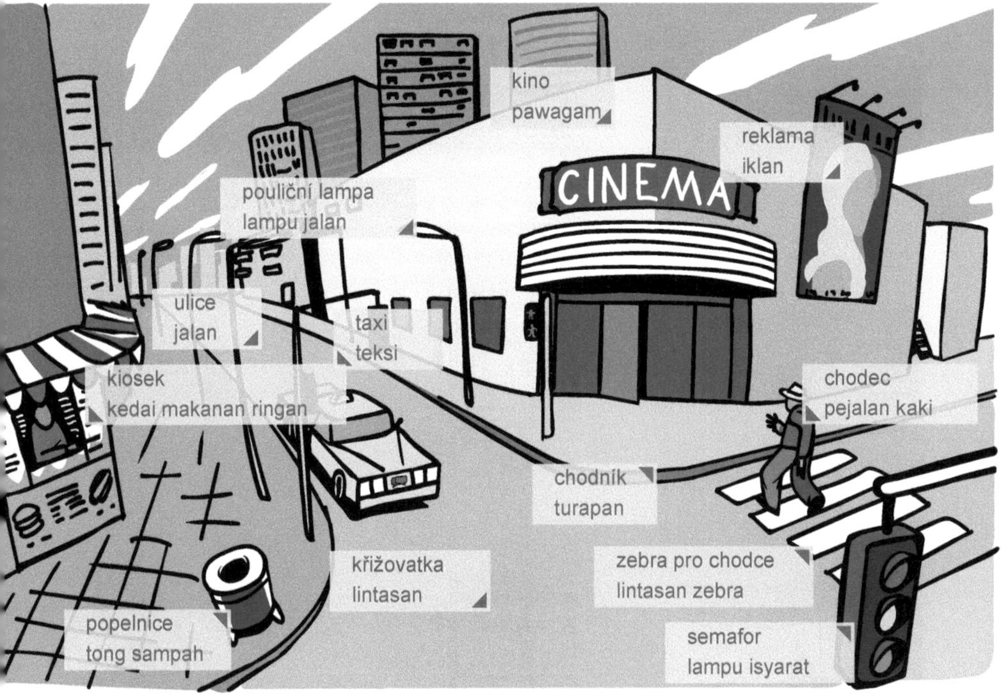

kino
pawagam

reklama
iklan

pouliční lampa
lampu jalan

CINEMA

ulice
jalan

taxi
teksi

kiosek
kedai makanan ringan

chodec
pejalan kaki

chodník
turapan

křižovatka
lintasan

zebra pro chodce
lintasan zebra

popelnice
tong sampah

semafor
lampu isyarat

chata
....
pondok

byt
....
flat

vlakové nádraží
....
stesen kereta api

radnice
....
dewan bandar

muzeum
....
muzium

škola
....
sekolah

univerzita

universiti

banka

bank

nemocnice

hospital

hotel

hotel

lékárna

farmasi

kancelář

pejabat

knihkupectví

kedai buku

obchod

kedai

květinářství

kedai bunga

supermarket

pasar raya

tržnice

pasaran

obchodní dům

gedung

rybárna

penjual ikan

nákupní centrum

pusat membeli-belah

přístav

pelabuhan

park

taman

lavička

bangku

most

jambatan

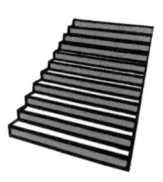

schody

tangga

metro

bawah tanah

tunel

terowong

autobusová zastávka

hentian bas

bar

bar

restaurace

restoran

poštovní schránka

peti surat

pouliční tabule

papan tanda jalan

parkovací hodiny

meter parkir

zoo

zoo

plovárna

kolam renang

mešita

masjid

usedlost
ladang

znečišťování životního prostředí
pencemaran

hřbitov
tanah perkuburan

církev
gereja

hřiště
taman permainan

chrám
kuil

krajina
landskap

list
daun

rozcestník
tiang tanda

cesta
jalan

louka
padang rumput

kámen
batu

turista
pejalan kaki

strom
pokok

řeka
sungai

tráva
rumput

květina
bunga

údolí

lembah

hora

bukit

jezero

tasik

les

hutan

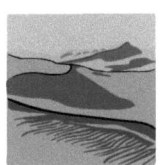

poušť

padang pasir

sopka

gunung berapi

zámek

istana

duha

pelangi

houba

cendawan

palma

pokok kelapa sawit

komár

nyamuk

moucha

terbang

mravenec

semut

včela

lebah

pavouk

labah-labah

brouk

kumbang

žába

katak

veverka

tupai

ježek

landak

zajíc

arnab

sova

burung hantu

pták

burung

labuť

angsa

divoké prase

babi jantan

jelen

rusa

los

moose

přehrada

empangan

větrné kolo

turbin angin

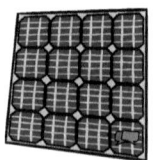

solární panel

panel solar

podnebí

iklim

restaurace
restoran

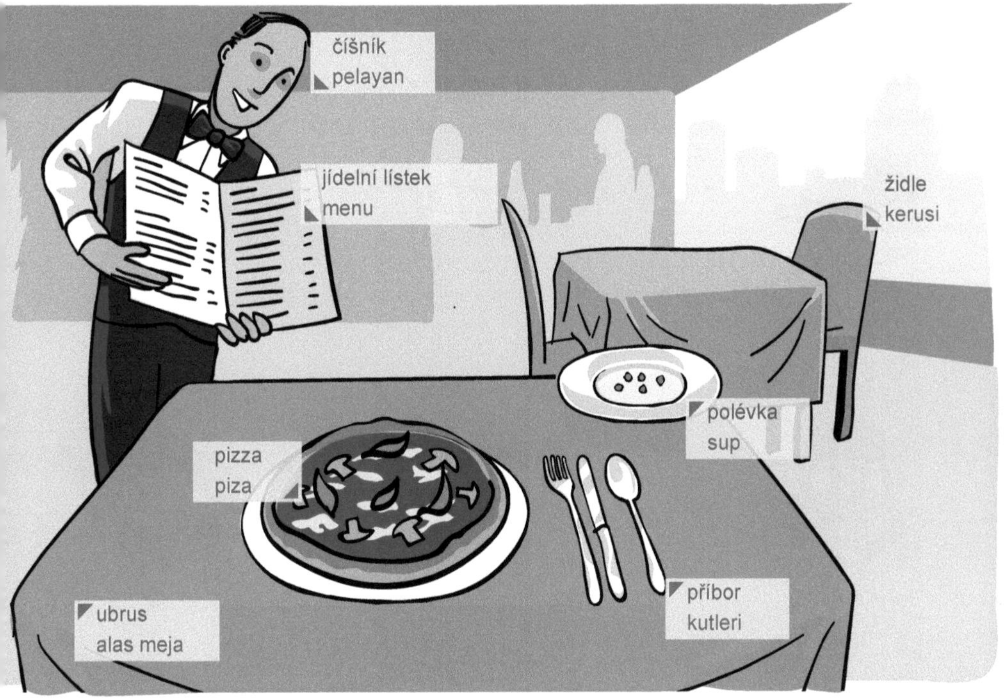
číšník
pelayan
jídelní lístek
menu
židle
kerusi
polévka
sup
pizza
piza
příbor
kutleri
ubrus
alas meja

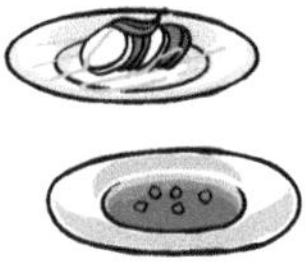

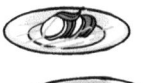

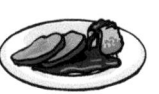

předkrm
pemula

hlavní chod
hidangan utama

dezert
pencuci mulut

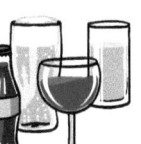

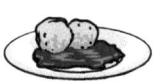

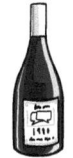

nápoje
minuman

jídlo
makanan

láhev
botol

rychlé občerstvení

makanan segera

pouliční občerstvení

makanan jalanan

čajová konvice

teko

cukřenka

mangkuk gula

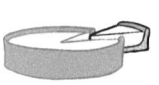

porce

bahagian

kávovar na espresso

mesin espreso

dětská stolička

kerusi tinggi

faktura

bil

tác

dulang

nůž

pisau

vidlička

garfu

lžíce

sudu

čajová lyžička

sudu teh

ubrousek

serviette

sklenička

gelas

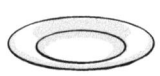

talíř

pinggan

talíř na polévku

mangkuk sup

podšálek

piring

omáčka

sos

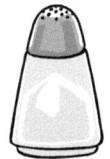

slánka

tempat garam

mlýnek na pepř

pengisar lada

ocet

cuka

olej

minyak

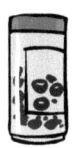

koření

rempah

kečup

sos

hořčice

mustard

majonéza

mayones

supermarket

pasar raya

nabídka
tawaran istimewa
FOR
zákazník
pelanggan
mléčné výrobky
tenusu
ovoce
buah-buahan
nákupní vozík
troli

BUTCHERS

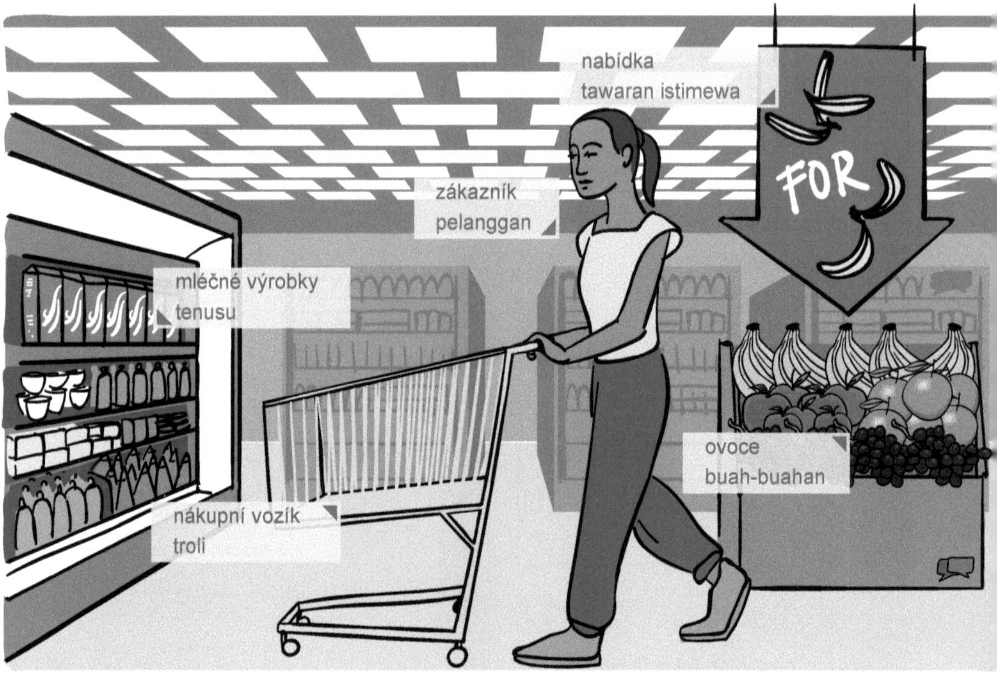

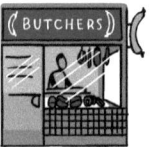

masna

tukang daging

BAKERY

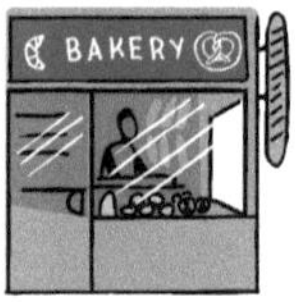

pekařství

kedai roti

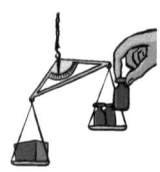

vážit

berat

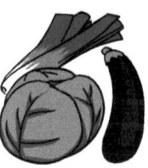

zelenina

sayur-sayuran

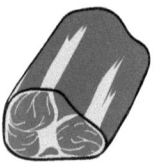

maso

daging

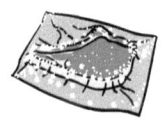

mražené potraviny

makanan sejuk beku

obložený talíř

daging sejuk

konzervy

makanan dalam tin

prací prášek

serbuk pencuci

cukrovinky

gula-gula

výrobky pro domácnost

produk isi rumah

čisticí prostředek

produk pembersihan

prodavačka

orang jualan

pokladna

daftar tunai

pokladní

juruwang

nákupní seznam

senarai membeli-belah

otevírací doba

waktu pembukaan

peněženka

beg duit

kreditní karta

kad kredit

taška

beg

igelitová taška

beg plastik

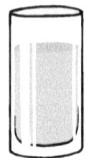

voda

air

džus

jus

mléko

susu

kola

kola

víno

wain

pivo

bir

alkohol

alkohol

kakao

koko

čaj

the

káva

kopi

espresso

espreso

kapučíno

kapucino

banán

pisang

jablko

epal

pomeranč

oren

meloun

tembikai

citrón

lemon

mrkev

lobak merah

česnek

bawang putih

bambus

buluh

cibule

bawang

houba

cendawan

ořechy

kacang

těstoviny

mi

špageti

spageti

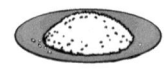

rýže

nasi

salát

salad

hranolky

kerepek

americké brambory

kentang goreng

pizza

piza

hamburger

hamburger

sendvič

sandwic

řízek

kutlet

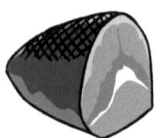

šunka

ham

salám

salami

salám

sosej

kuře

ayam

pečeně

panggang

ryby

ikan

ovesné vločky

bubur oat

müsli

muesli

vločky

emping jagung

mouka

tepung

croissant

kroisan

houska

roti roll

chléb

roti

toast

roti bakar

sušenky

biskut

máslo

mentega

tvaroh

dadih

buchta

kek

vejce

telur

volské oko

telur goreng

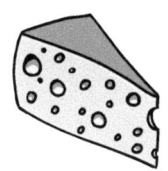

sýr

keju

zmrzlina

ais krim

cukr

gula

med

madu

marmeláda

jem

nugátový krém

krim nougat

kari

kari

usedlost

ladang

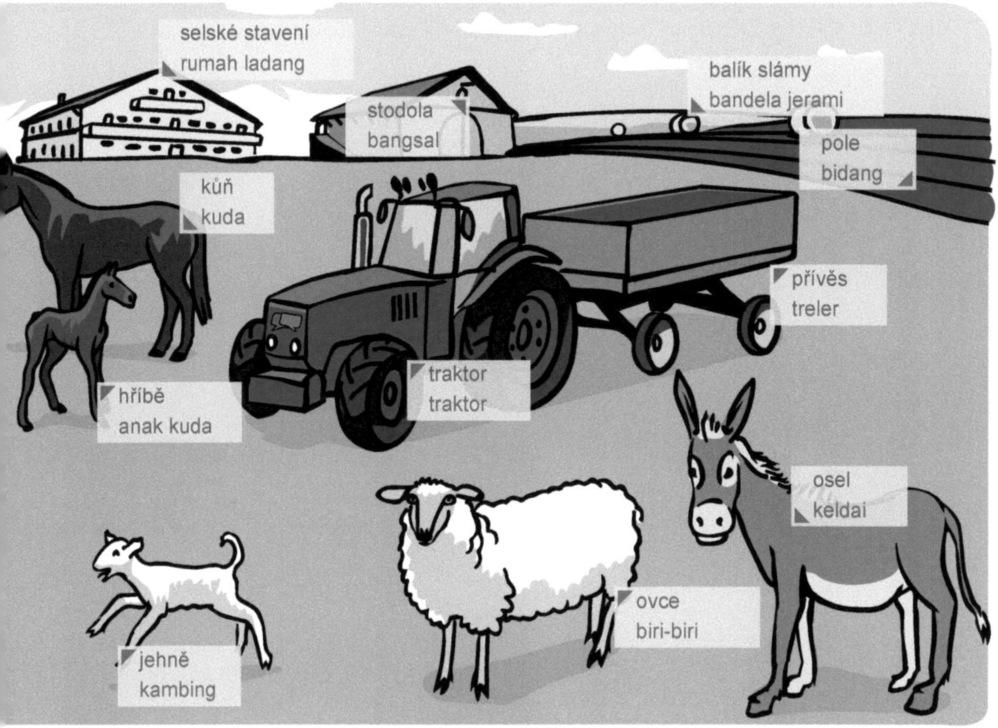
selské stavení
rumah ladang
stodola
bangsal
balík slámy
bandela jerami
pole
bidang
kůň
kuda
přívěs
treler
traktor
traktor
hříbě
anak kuda
osel
keldai
ovce
biri-biri
jehně
kambing

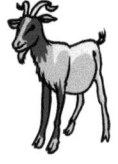

koza

kambing

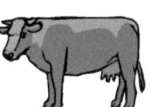

kráva

lembu

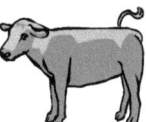

tele

anak lembu

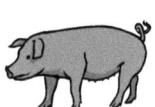

prase

babi

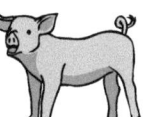

sele

anak babi

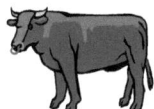

býk

lembu

husa

angsa

kachna

itik

kuře

anak ayam

slepice

ayam betina

kohout

ayam jantan muda

krysa

tikus

kočka

kucing

myš

tikus

vůl

lembu jantan

pes

anjing

psí bouda

rumah anjing

zahradní hadice

hos taman

kropicí konev

bekas siraman

kosa

sabit

pluh

bajak

srp
sabit

motyka
cangkul

vidle
serampang peladang

sekera
kapak

kolecko
kereta sorong

koryto
palung

konev na mléko
tin susu

pytel
karung

plot
pagar

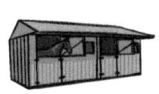

stáj
stabil

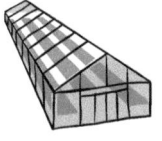

skleník
rumah hijau

půda
tanah

osivo
benih

hnojivo
baja

kombajn
jentuai

sklidit
....
tuai

sklizeň
....
menuai

smldinec
....
keladi

pšenice
....
gandum

sója
....
soya

brambora
....
kentang

kukuřice
....
jagung

řepka
....
biji sawi

ovocný strom
....
pokok buah-buahan

maniok
....
ubi kayu

obilí
....
bijirin

dům

rumah

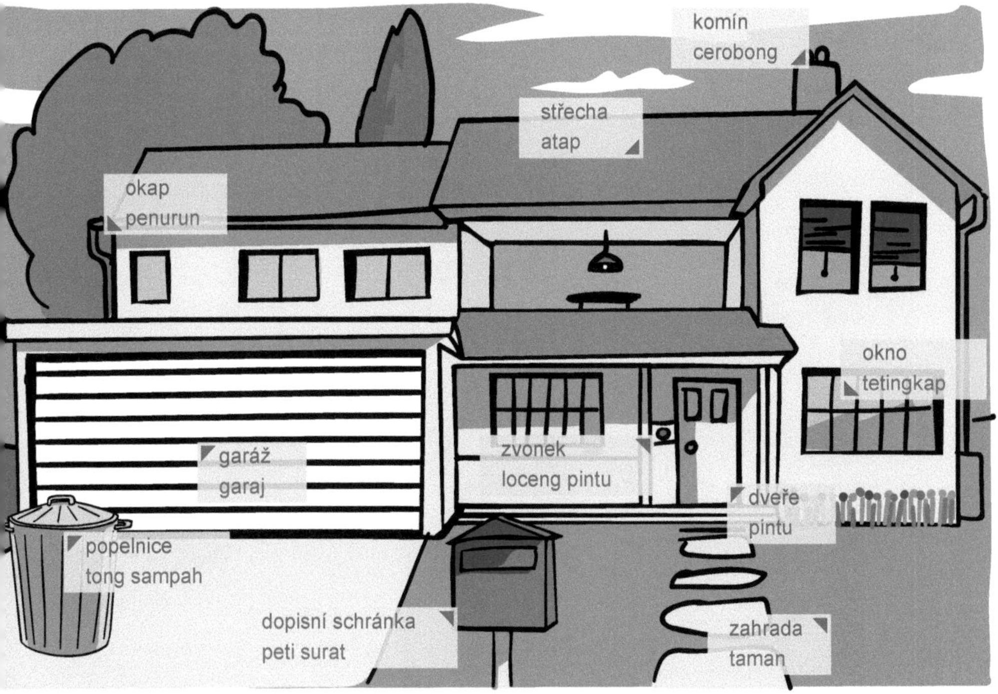
komín
cerobong
střecha
atap
okap
penurun
okno
tetingkap
zvonek
loceng pintu
garáž
garaj
dveře
pintu
popelnice
tong sampah
dopisní schránka
peti surat
zahrada
taman

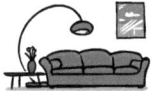

obývací pokoj

ruang tamu

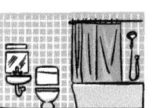

koupelna

bilik air

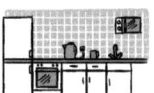

kuchyně

dapur

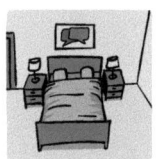

ložnice

bilik tidur

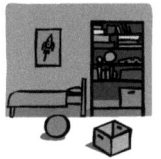

dětský pokoj

bilik kanak-kanak

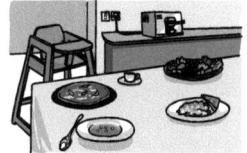

jídelna

ruang makan

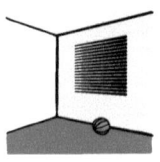	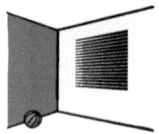	
podlaha	zeď	deka
lantai	dinding	siling

sklep	sauna	balkón
bilik bawah tanah	sauna	balkoni
	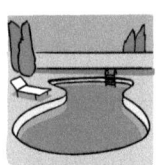	
terasa	bazén	sekačka na trávu
teres	kolam renang	pemotong rumput
		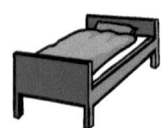
ložní prádlo	lůžková přikrývka	postel
lembaran	penutup tilam	katil

smeták	kýbl	vypínač
penyapu	timba	suis

obývací pokoj
ruang tamu

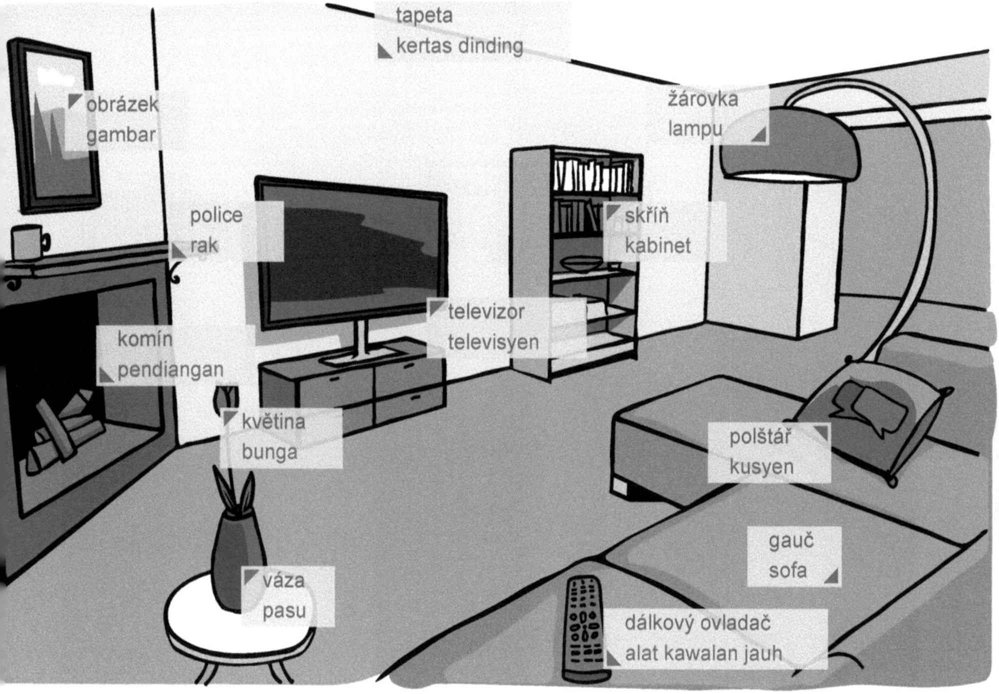
tapeta
kertas dinding
obrázek
gambar
žárovka
lampu
police
rak
skříň
kabinet
televizor
televisyen
komín
pendiangan
květina
bunga
polštář
kusyen
gauč
sofa
váza
pasu
dálkový ovladač
alat kawalan jauh

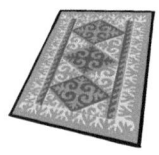

koberec

permaidani

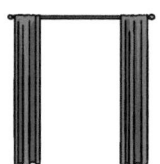

závěs

tirai

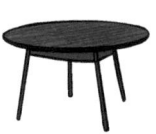

stůl

meja

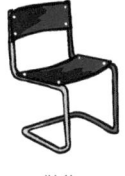

židle

kerusi

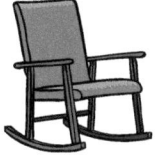

houpací křeslo

kerusi malas

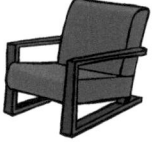

křeslo

kerusi

kniha
buku

strop
selimut

ozdoba
hiasan

palivové dříví
kayu api

film
filem

stereo souprava
hi-fi

klíč
kunci

noviny
akhbar

malba
lukisan

plakát
poster

rádio
radio

poznámkový blok
buku catatan

vysavač
penyedut habuk

kaktus
kaktus

svíce
lilin

kuchyně
dapur

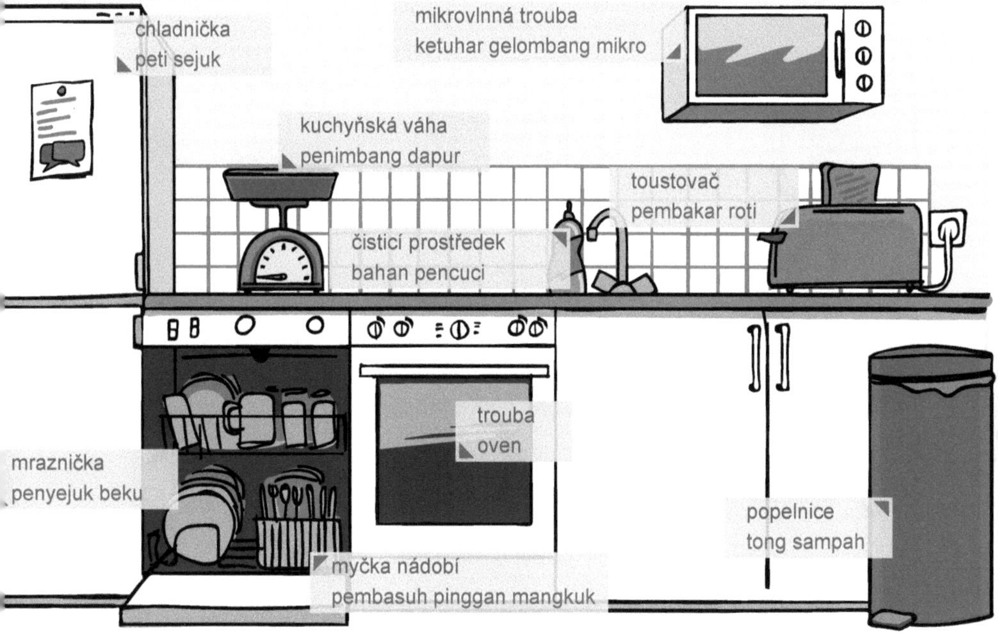
chladnička
peti sejuk
mikrovlnná trouba
ketuhar gelombang mikro
kuchyňská váha
penimbang dapur
toustovač
pembakar roti
čisticí prostředek
bahan pencuci
trouba
oven
mraznička
penyejuk beku
popelnice
tong sampah
myčka nádobí
pembasuh pinggan mangkuk

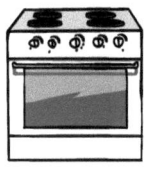

sporák
....
periuk dapur

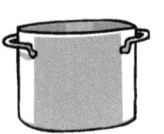

hrnec
....
periuk

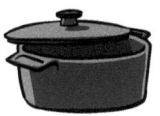

litinový hrnec
....
periuk besi

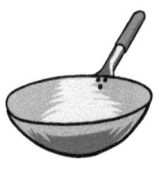

wok / kadai
....
kuali

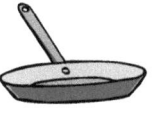

pánev
....
pan

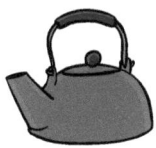

varná konvice
....
cerek

parní hrnec

pengukus

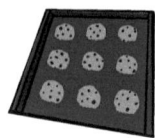

plech na pečení

dulang pembakar

nádobí

pinggan mangkuk

hrnek

koleh

miska

mangkuk

jídelní hůlky

penyepit

naběračka

senduk

obracečka

spatula

metla

pengadun

síto

penapis

cedník

ayak

struhadlo

pemarut

hmoždíř

mortar

gril

barbeku

ohniště

pembakaran terbuka

prkénko na krájení

papan pencincang

váleček na těsto

pin golekan

vývrtka

skru gabus

dóza

tin

otvírák na konzervy

pembuka tin

chňapka

pemegang periuk

umyvadlo

sinki

kartáč na nádobí

berus

houba

span

mixér

pengisar

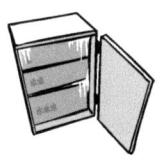

mrazák

penyejuk beku

dětská lahev

botol bayi

kohoutek

paip

koupelna
bilik air

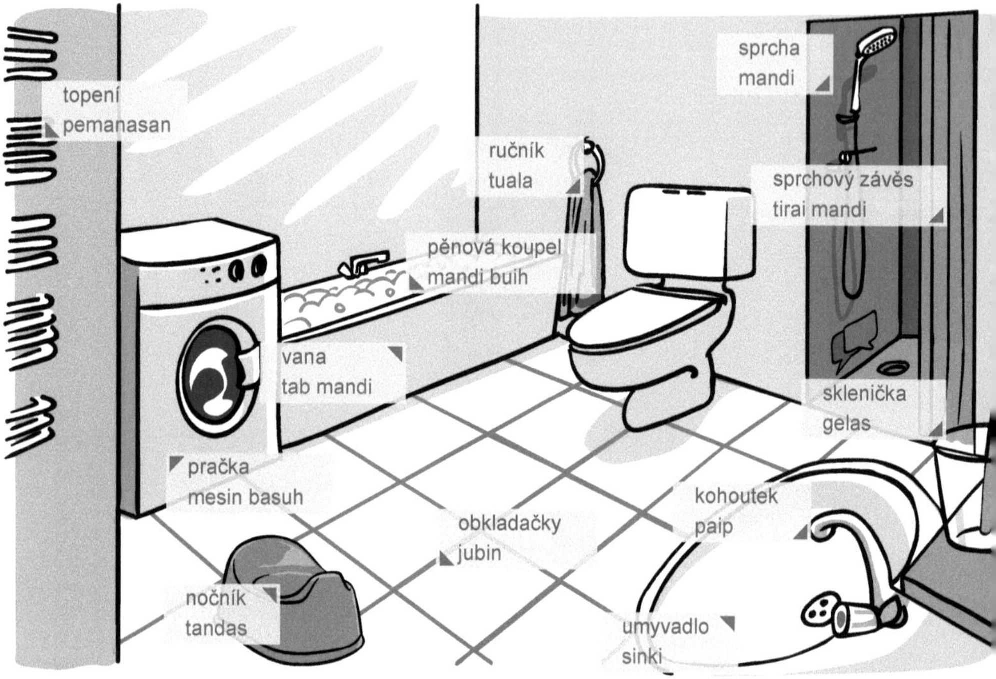

topení
pemanasan
ručník
tuala
sprcha
mandi
sprchový závěs
tirai mandi
pěnová koupel
mandi buih
vana
tab mandi
sklenička
gelas
pračka
mesin basuh
kohoutek
paip
obkladačky
jubin
nočník
tandas
umyvadlo
sinki

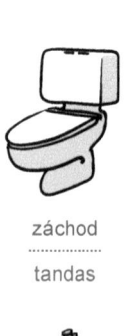

záchod
tandas

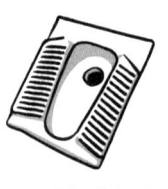

turecký záchod
tandas mencangkung

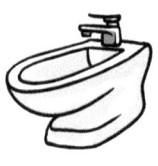

bidet
mangkuk tandas

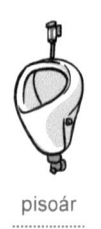

pisoár
tandas awam

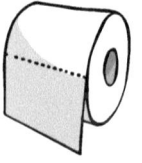

toaletní papír
kertas tandas

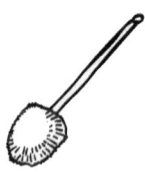

záchodová štětka
berus tandas

zubní kartáček
berus gigi

zubní pasta
ubat gigi

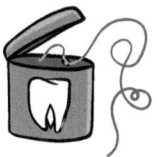

zubní niť
flos gigi

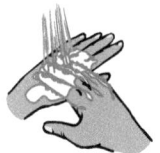

mýt
cuci

ruční sprcha
mandian tangan

intimní sprcha
pancuran

umyvadlo
besen

kartáč na záda
belakang berus

mýdlo
sabun

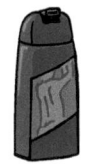

sprchový gel
gel mandian

šampón
syampu

žínka
flanel

odpad
longkang

krém
krim

deodorant
deodoran

zrcadlo

cermin

kosmetické zrcátko

cermin tangan

holicí strojek

pisau cukur

pěna na holení

busa cukur

voda po holení

selepas cukur

hřeben

sikat

kartáč

berus

fén

pengering rambut

lak na vlasy

semburan rambut

makeup

mekap

rtěnka

gincu

lak na nehty

varnis kuku

vata

bulu kapas

nůžky na nehty

gunting kuku

parfém

pewangi

ka s toaletními potřebami

beg basuhan

stolička

bangku

váha

skala berat

župan

jubah mandi

gumové rukavice

sarung tangan getah

tampón

kapas

dámská vložka

tuala wanita

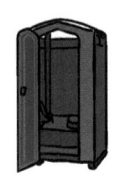

chemická toaleta

tandas kimia

dětský pokoj
bilik kanak-kanak

budík
jam loceng
plyšová hračka
mainan kegemaran
autíčko
kereta mainan
chrastítko
kerincing bayi
domeček pro panenky
rumah anak patung
dárek
hadiah

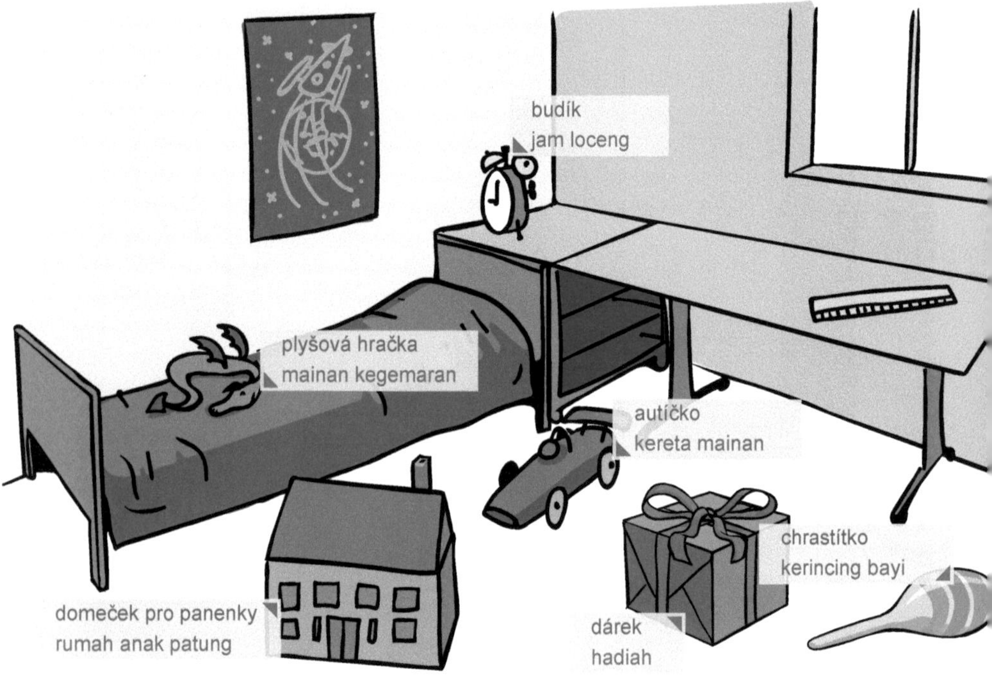

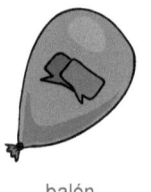

balón
belon

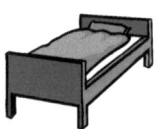

postel
katil

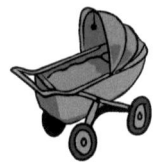

kočárek
kereta sorong bayi

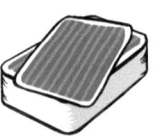

balíček karet
set kad

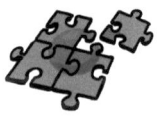

puzzle
susun suai gambar

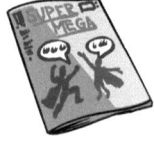

komiks
komik

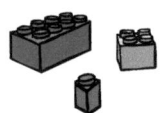

lego kostky

batu bata lego

stavebnice

blok mainan

akční figurka

figura aksi

dupačky

baju bayi

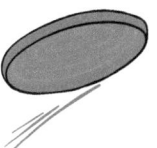

frisbee

frisbee

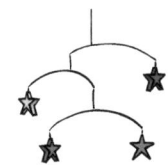

závěsné hračky nad postýlku

mainan bayi mudah alih

desková hra

permainan papan

kostky

dadu

modelová železnice

set model kereta api

dudlík

palsu

oslava

parti

obrázková kniha

buku bergambar

míč

bola

panenka

anak patung

hrát si

main

pískoviště

lubang pasir

houpačka

buai

hračky

mainan

hrací konzole

konsol permainan video

tříkolka

basikal roda tiga

medvídek

anak patung beruang

šatník

almari pakaian

oblečení
pakaian

ponožky

stoking

punčochy

stoking

punčochové kalhoty

ketat

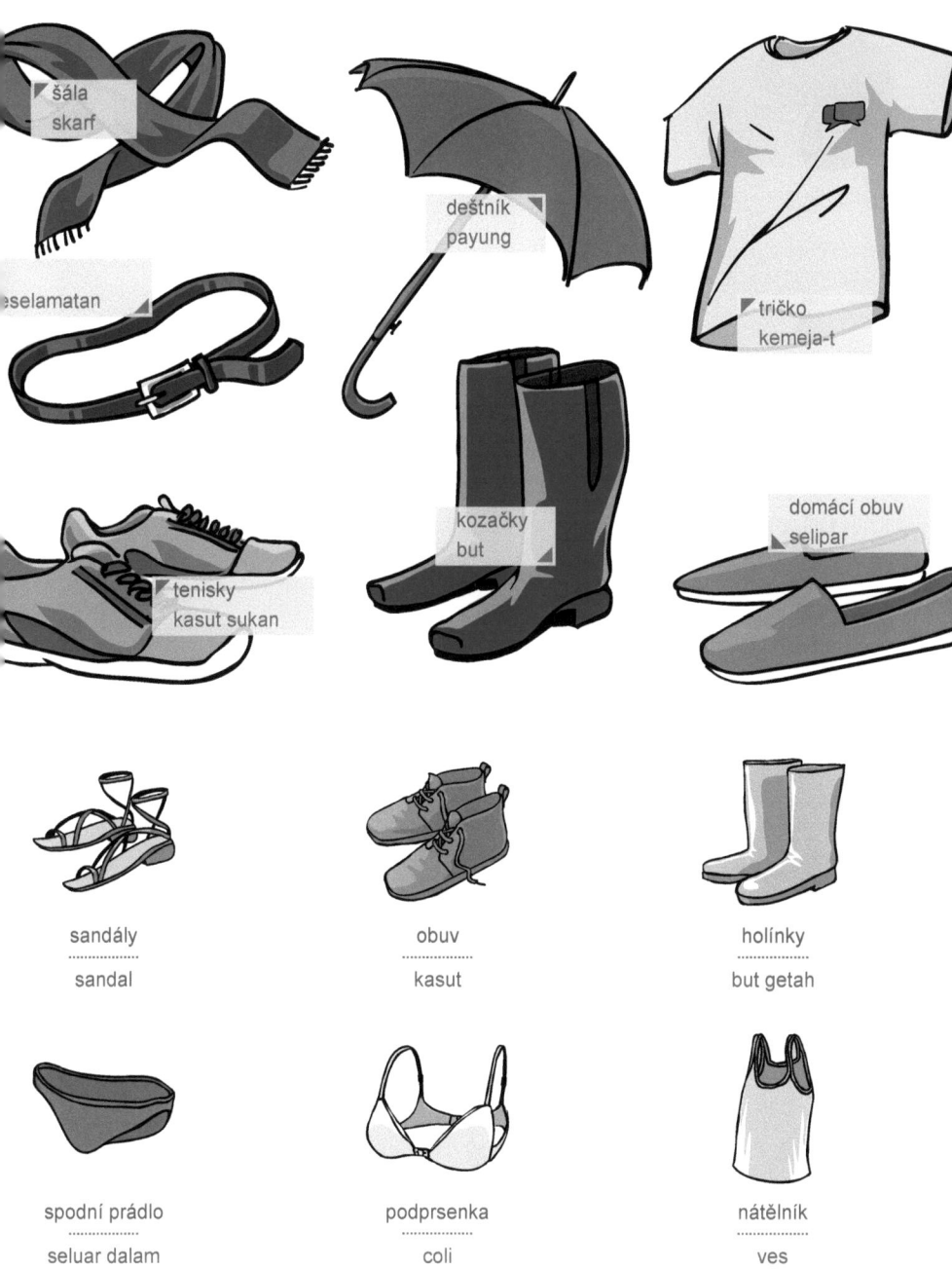

šála
skarf

deštník
payung

tričko
kemeja-t

eselamatan

kozačky
but

domácí obuv
selipar

tenisky
kasut sukan

sandály
sandal

obuv
kasut

holínky
but getah

spodní prádlo
seluar dalam

podprsenka
coli

nátělník
ves

oblečení - pakaian 45

body
....
badan

kalhoty
....
Seluar panjang

džíny
....
jean

sukně
....
skirt

blůza
....
blaus

košile
....
kemeja

svetr
....
baju panas sarung

mikina
....
sweater

blejzr
....
blazer

bunda
....
jaket

kabát
....
kot

pláštěnka
....
baju hujan

kostým
....
kostum

šaty
....
pakaian

svatební šaty
....
baju pengantin

oblek
....
sut

noční košile
....
baju tidur

pyžamo
....
baju tidur

sárí
....
sari

šátek na hlavu
....
skarf kepala

turban
....
serban

burka
....
burqa

kaftan
....
kaftan

abája
....
abaya/jubah

plavky
....
baju renang

pánské plavky
....
seluar renang

kraťasy
....
seluar pendek

tepláková souprava
....
sut balapan

zástěra
....
apron

rukavice
....
sarung tangan

knoflík

butang

brýle

cermin mata

náramek

gelang tangan

náhrdelník

rantai leher

prsten

cincin

náušnice

subang

čepice

topi

ramínko

penyangkut kot

klobouk

topi

kravata

tali leher

zip

zip

helma

topi keledar

kšandy

pendakap

školní uniforma

uniform sekolah

uniforma

seragam

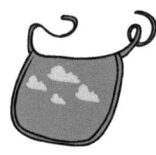

bryndák

lapik dada

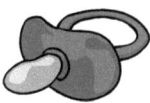

dudlík

palsu

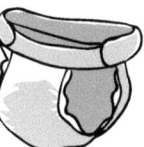

plena

lampin

kancelář
pejabat

server
pelayan
kartotéka
kabinet fail
tiskárna
mesin pencetak
papír
kertas
monitor
monitor
myš
tetikus
psací stůl
meja
šanon
folder
klávesnice
papan kekunci
odpadkový koš na papír
bakul sampah
počítač
komputer
židle
kerusi

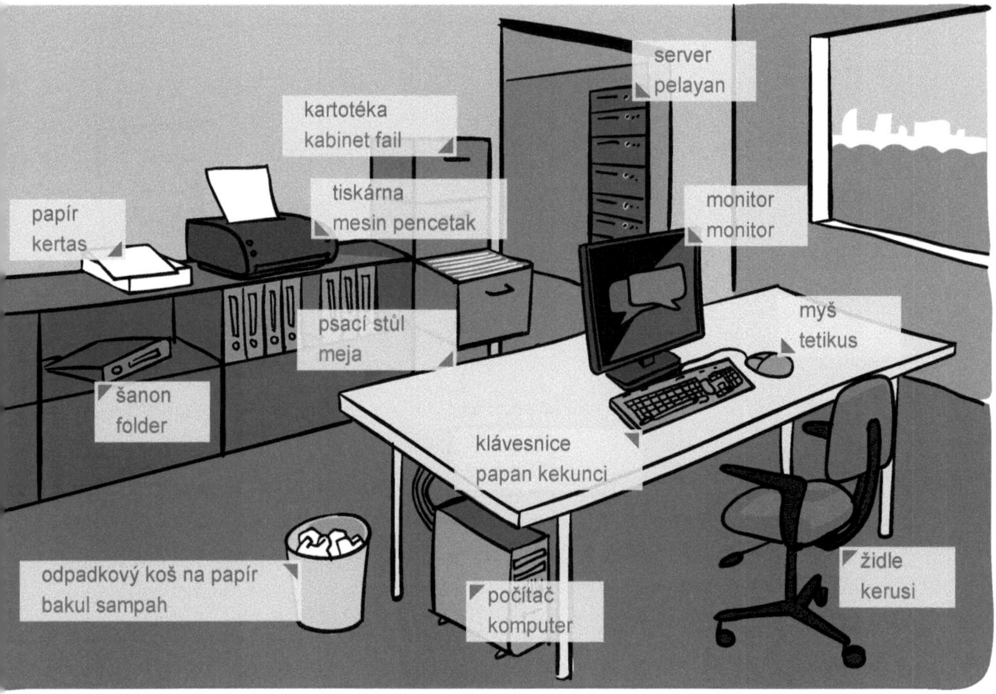

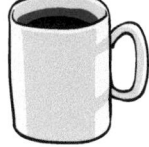

hrnek na kávu

cawan kopi

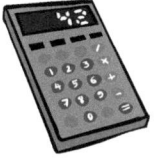

kalkulačka

kalkulator

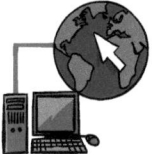

internet

internet

notebook

komputer riba

dopis

surat

zpráva

mesej

mobil

mudah alih

síť

rangkaian

kopírka

mesin fotokopi

software

perisian

telefon

telefon

zásuvka

soket plag

fax

mesin faks

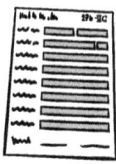

formulář

bentuk

dokument

dokumen

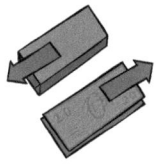

nakupovat

beli

zaplatit

bayar

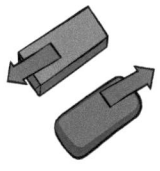

jednat

berdagang

peníze

wang

dolar

dolar

euro

euro

jen

yen

rubl

rubel

frank

franc swiss

juan

renminbi yuan

rupie

rupee

bankomat

mata tunai

směnárna

pejabat tukaran mata wang

zlato

emas

stříbro

perak

olej

minyak

energie

tenaga

cena

harga

smlouva

kontrak

daň

cukai

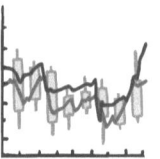

akcie

stok

pracovat

kerja

zaměstnanec

pekerja

zaměstnavatel

majikan

továrna

kilang

obchod

kedai

povolání
pekerjaan

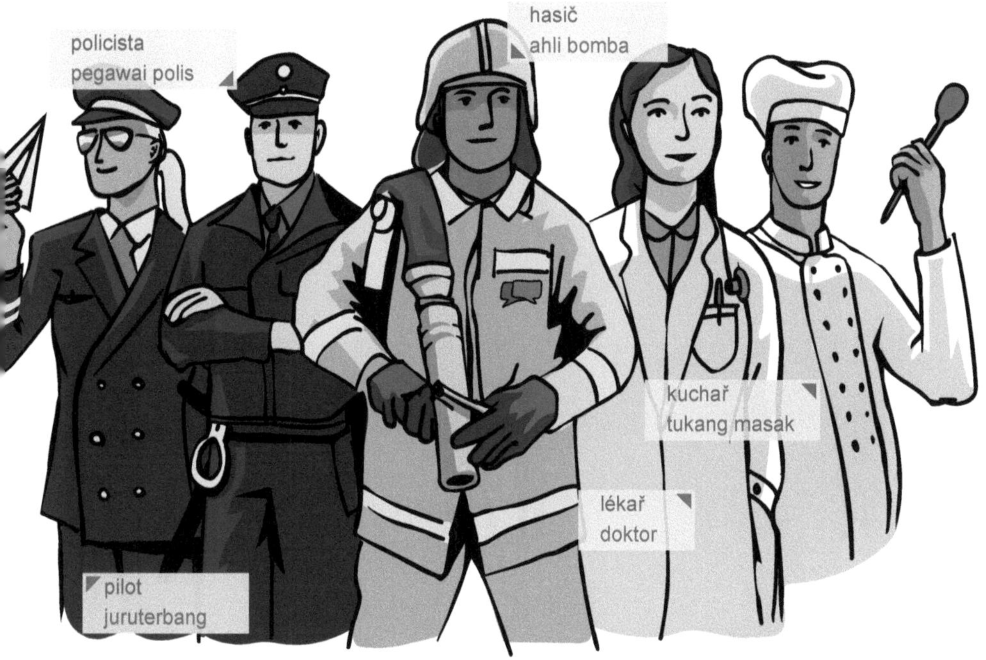
policista
pegawai polis
hasič
ahli bomba
kuchař
tukang masak
lékař
doktor
pilot
juruterbang

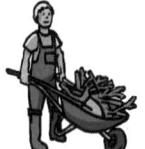

zahradník

tukang kebun

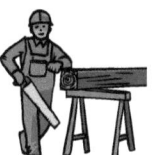

truhlář

tukang kayu

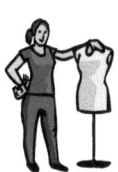

švadlena

tukang jahit

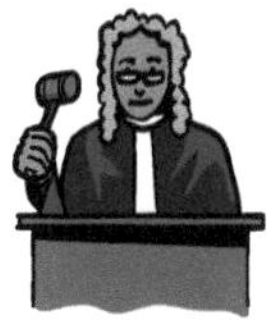

soudce

hakim

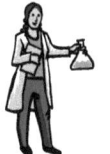

chemik

ahli kimia

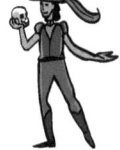

herec

pelakon

řidič autobusu

pemandu bas

řidič taxi

pemandu teksi

rybář

nelayan

uklízečka

wanita pencuci

pokrývač

kasau

číšník

pelayan

myslivec

pemburu

malíř

pelukis

pekař

bakeri

elektrikář

juruelektrik

stavební dělník

pembangun

inženýr

jurutera

řezník

penjual daging

klempíř

tukang paip

listonoš

posmen

voják

askar

architekt

arkitek

pokladní

juruwang

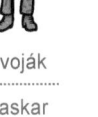

florista

kedai bunga

kadeřník

pendandan rambut

průvodčí

konduktor

mechanik

mekanik

kapitán

kapten

zubař

doktor gigi

vědec

ahli sains

rabín

tuhanku

imám

imam

mnich

sami

duchovní

paderi

nářadí
alat

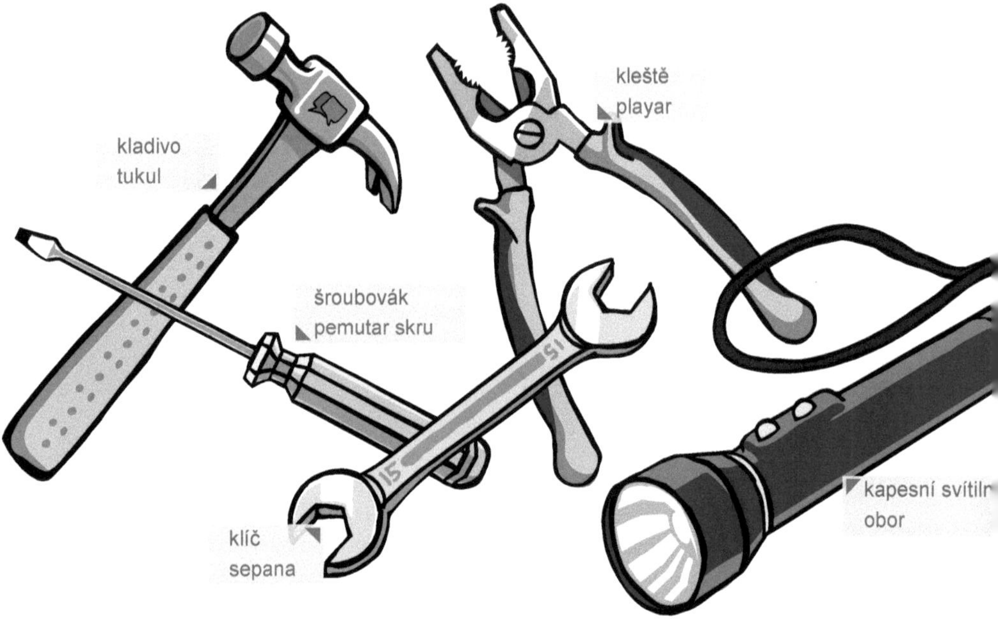
kladivo
tukul
kleště
playar
šroubovák
pemutar skru
klíč
sepana
kapesní svítiln
obor

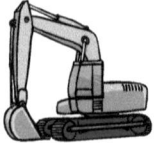

bagr

pengorek

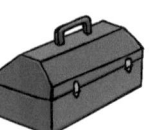

skříň na nářadí

kotak peralatan

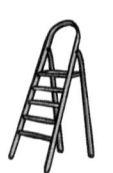

žebřík

tangga

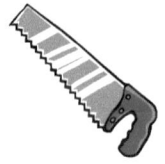

pila

gergaji

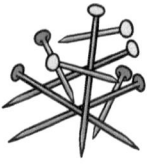

hřebíky

kuku

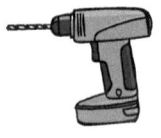

vrtačka

gerudi

opravit
baiki

lopata
penyodok

Kurva!
Celaka!

lopatka
penadah sampah

vědroé na barvu
periuk cat

šrouby
skru

hudební nástroje
alat muzik

bicí
perangkat dram

reproduktor
pembesar suara

kontrabas
bass berganda

trubka
trompet

kytara
gitar

klavír

piano

housle

biola

basa

bass

tympán

timpani

bubny

dram

keyboard

papan kekunci

saxofon

saksofon

flétna

seruling

mikrofon

mikrofon

hudební nástroje - alat muzik

ZOO

ZOO

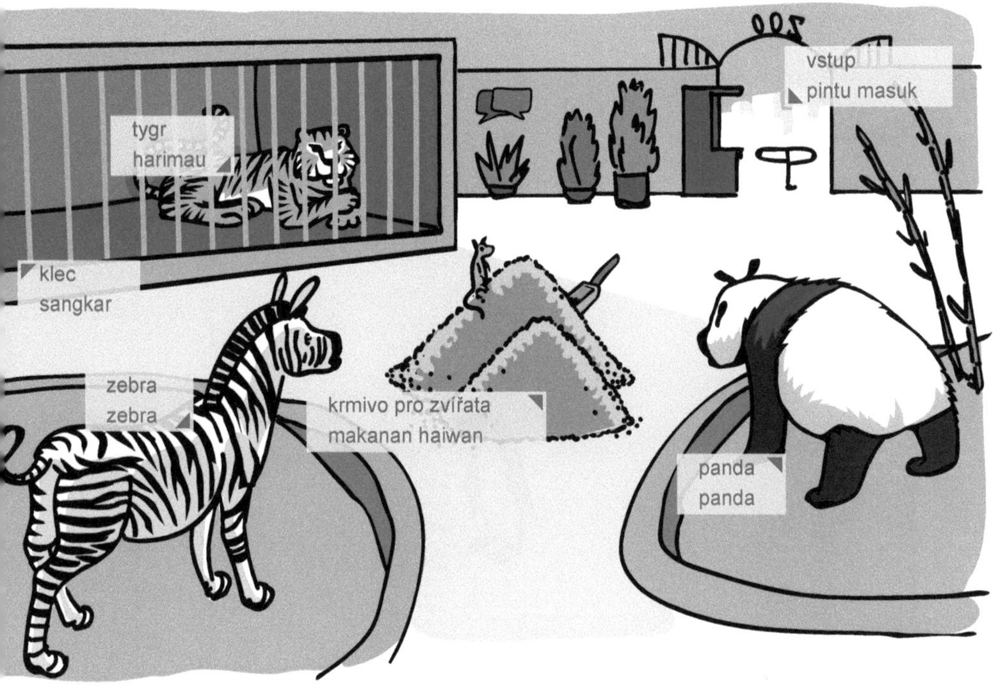
tygr
harimau
vstup
pintu masuk
klec
sangkar
zebra
zebra
krmivo pro zvířata
makanan haiwan
panda
panda

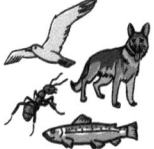

zvířata

haiwan

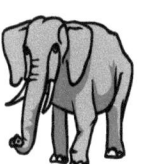

slon

gajah

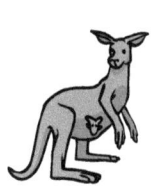

klokan

kanggaru

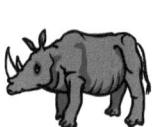

nosorožec

badak sumbu

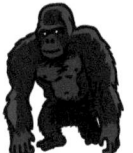

gorila

gorila

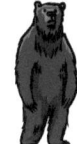

medvěd

beruang

velbloud

unta

pštros

burung unta

lev

singa

opice

monyet

plameňák

flamingo

papoušek

nuri

lední medvěd

beruang kutub

tučňák

penguin

žralok

yu

páv

merak

had

ular

krokodýl

buaya

ošetřovatel zvířat

penjaga zoo

tuleň

anjing laut

jaguár

jaguar

poník

kuda

leopard

harimau

hroch

badak air

žirafa

zirafah

orel

helang

divoké prase

babi jantan

ryby

ikan

želva

penyu

mrož

anjing laut

liška

musang

gazela

rusa

americký fotbal
bola sepak Amerika

cyklistika
berbasikal

tenis
tenis

košíková
bola keranjang

plavání
renang

lední hokej
hoki ais

box
tinju

kopaná	badminton	lehká atletika
bola sepak	badminton	olahraga
házená	běh na lyžích	vodní pólo
bola baling	ski	polo

aktivity
aktiviti

smát se
ketawa
skočit
lompat
objímat
peluk
jít
berjalan
zpívat
menyanyi
snít
mimpi
modlit se
berdoa
políbit
cium

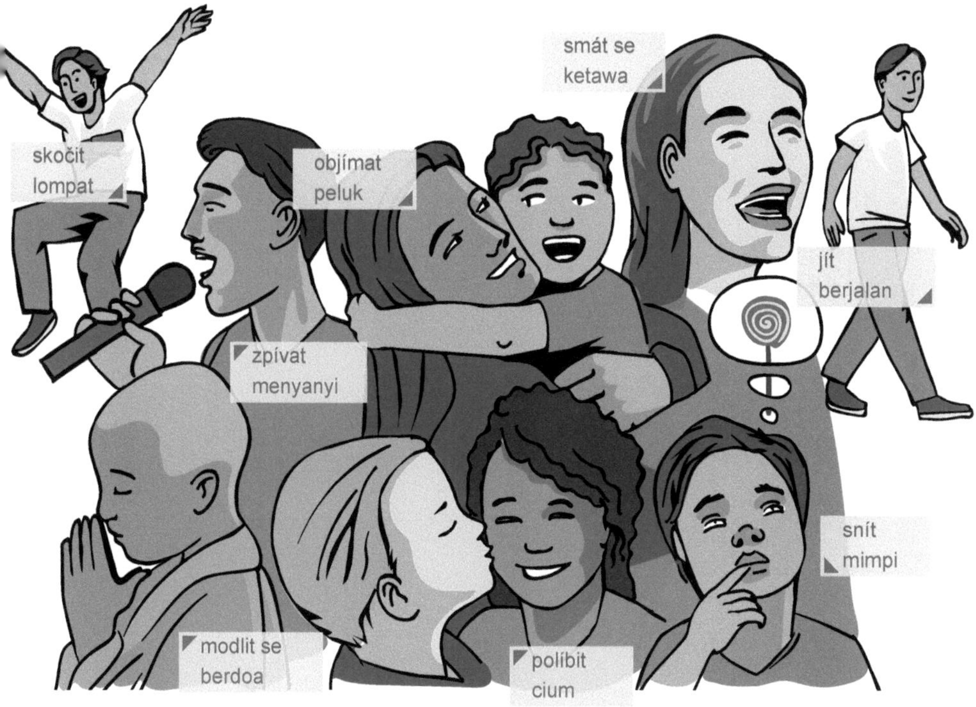

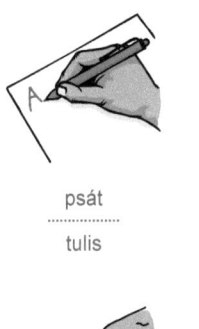

psát

tulis

kreslit

lukis

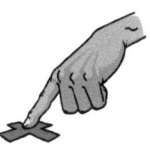

ukazovat

tunjuk

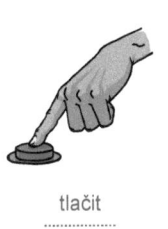

tlačit

tolak

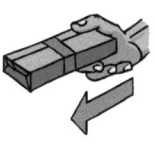

dát

beri

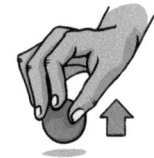

vzít si

ambil

mít

ada

dělat

buat

být

ialah

stát

berdiri

běhat

lari

táhnout

tarik

hodit

buang

padat

jatuh

ležet

tipu

čekat

tunggu

nosit

bawa

sedět

duduk

oblékat

pakai

spát

tidur

vzbudit se

bangkit

prohlédnout si

lihat pada

plakat

menangis

pohladit

strok

česat

sikat

hovořit

cakap

rozumět

faham

ptát se

tanya

slyšet

dengar

pít

minum

jíst

makan

uklidit

mengemas

milovat

sayang

vařit

masak

jet

pandu

letět

terbang

plachtit

belayar

počítat

kira

číst

baca

učit se

belajar

pracovat

kerja

vzít si

nikah

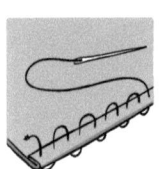

šít

jahit

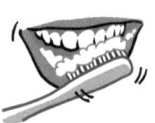

čistit si zuby

memberus gigi

zabít

bunuh

kouřit

asap

poslat

hantar

rodina
keluarga

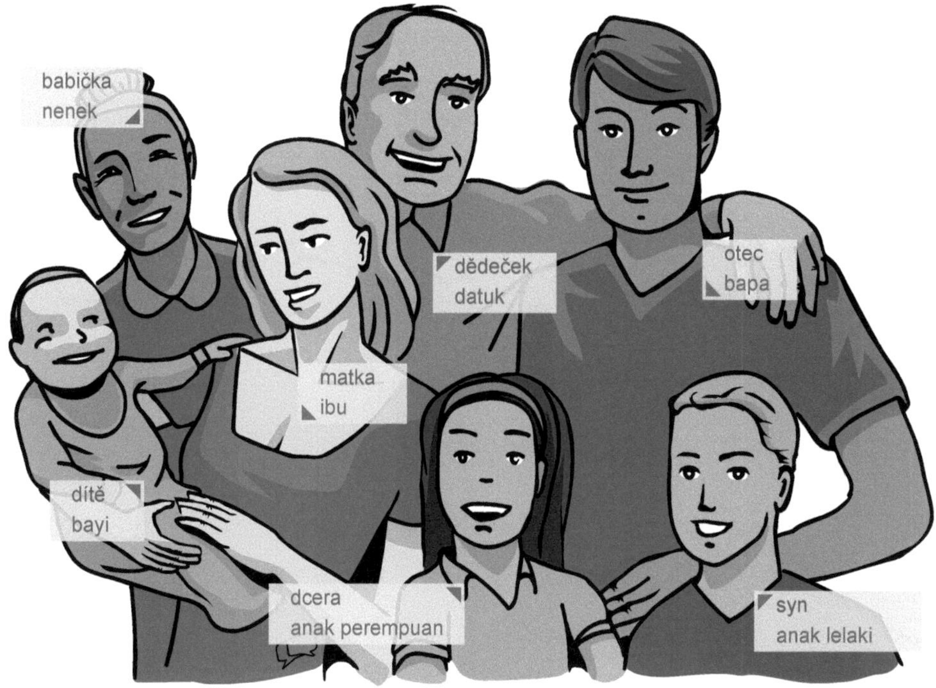
babička
nenek
dědeček
datuk
otec
bapa
matka
ibu
dítě
bayi
dcera
anak perempuan
syn
anak lelaki

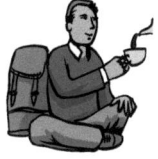

host

tetamu

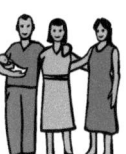

teta

mak cik

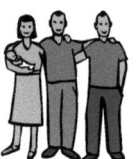

strýc

pak cik

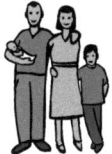

bratr

abang

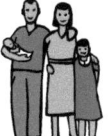

sestra

kakak

tělo
badan

čelo
dahi
oko
mata
rameno
bahu
prst
jari
obličej
muka
brada
dagu
ruka
tangan
dolní končetina
kaki
hruď
dada
paže
lengan

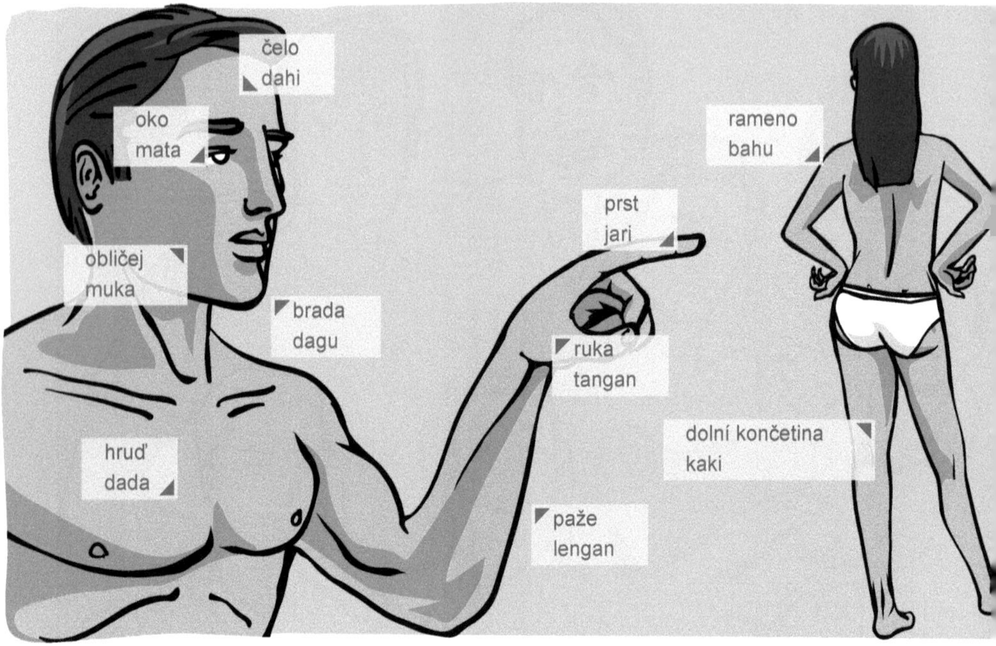

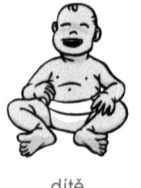

dítě

bayi

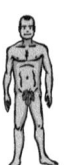

muž

lelaki

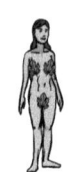

žena

wanita

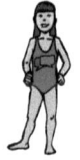

dívka

perempuan

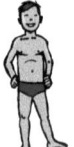

chlapec

lelaki

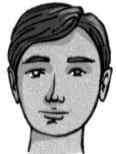

hlava

kepala

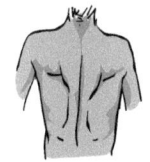

záda

belakang

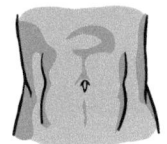

břicho

bawah perut

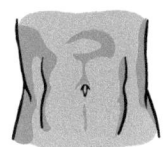

pupík

pusat

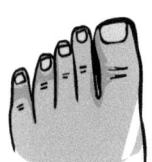

prst na noze

jari kaki

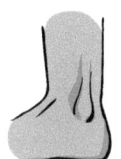

pata

tumit

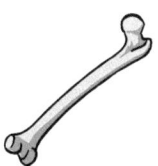

kost

tulang

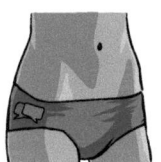

bok

pinggul

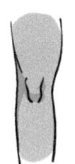

koleno

lutut

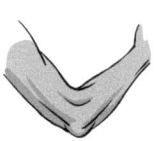

loket

siku

nos

hidung

zadek

bawah

kůže

kulit

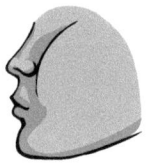

tvář

pipi

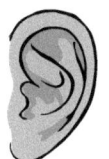

ucho

telinga

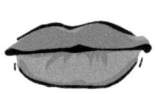

ret

bibir

ústa
....
mulut

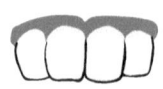

zub
....
gigi

jazyk
....
lidah

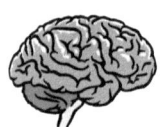

mozek
....
otak

srdce
....
hati

sval
....
otot

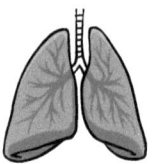

plíce
....
paru-paru

játra
....
hati

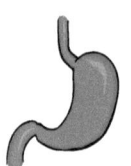

žaludek
....
perut

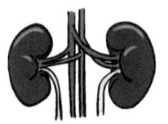

ledviny
....
buah pinggang

pohlavní styk
....
seks

kondom
....
kondom

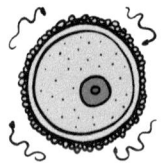

vajíčko
....
faraj

sperma
....
mani

těhotenství
....
mengandung

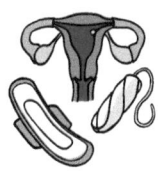

menstruace
haid

vagina
faraj

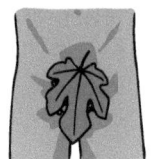

penis
penis

obočí
kening

vlasy
rambut

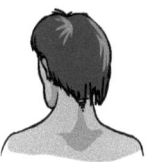

krk
leher

tělo - badan

nemocnice
hospital

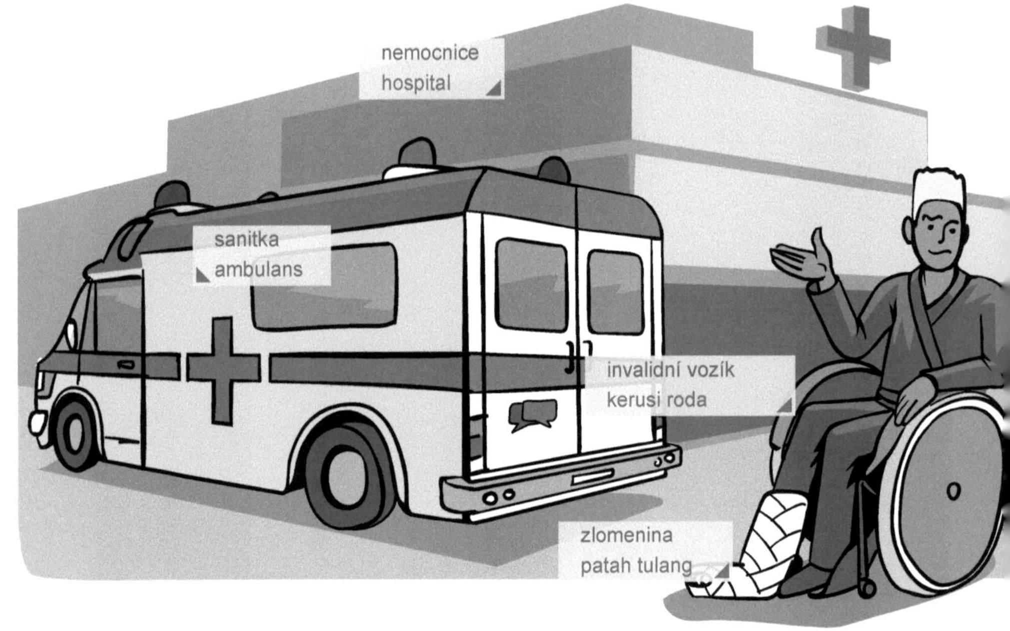

nemocnice
hospital

sanitka
ambulans

invalidní vozík
kerusi roda

zlomenina
patah tulang

lékař
doktor

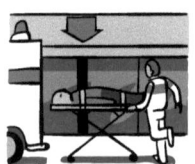

pohotovost
bilik kecemasan

zdravotní sestra
jururawat

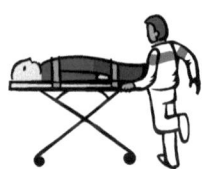

urgentní případ
kecemasan

v bezvědomí
tak sedar

bolest
sakit

úraz
....
kecederaan

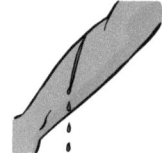

krvácení
....
pendarahan

infarkt myokardu
....
serangan jantung

:évní mozková příhoda
....
strok

alergie
....
alergi

kašel
....
batuk

horečka
....
demam

chřipka
....
selesema

průjem
....
cirit-birit

bolest hlavy
....
sakit kepala

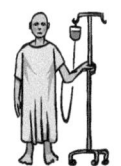

rakovina
....
kanser

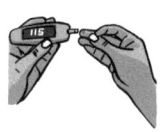

cukrovka
....
diabetes

chirurg
....
pakar bedah

skalpel
....
pisau bedah

operace
....
pembedahan

CT
CT

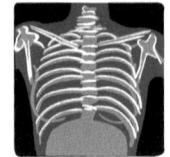

rentgen
x-ray

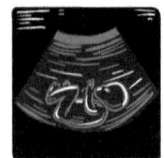

ultrazvuk
ultrabunyi

maska
topeng muka

nemoc
penyakit

čekárna
bilik menunggu

berle
penongkat

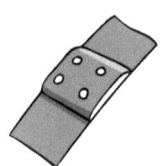

náplast
plaster

obvaz
pembalut

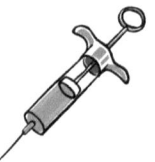

injekce
suntikan

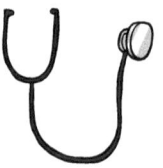

stetoskop
stetoskop

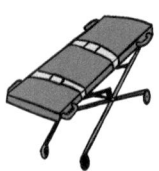

nosítka
pengusung

teploměr
termometer klinik

porod
kelahiran

nadváha
berat badan berlebihan

naslouchátko
alat pendengaran

dezinfekční prostředek
disinfektan

infekce
jangkitan

virus
virus

HIV / AIDS
HIV / AIDS

lékařství
perubatan

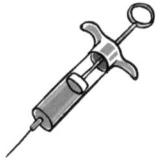

očkování
vaksinasi

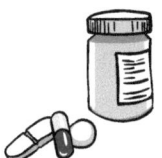

tablety
tablet

pilulka
pil

tísňové volání
panggilan kecemasan

tonometr
pantau tekanan darah

nemocný / zdravý
sakit / sihat

Pomoc!

Tolong!

poplach

penggera

přepadení

serang

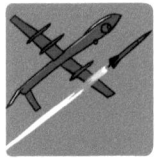

napadení

serangan

nebezpečí

bahaya

nouzový východ

pintu kecemasan

Hoří!

Api!

hasicí přístroj

alat pemadam api

nehoda

kemalangan

zdravotnická brašna

alat pertolongan cemas

SOS

SOS

policie

polis

Evropa

Eropah

Severní Amerika

Amerika Utara

Jižní Amerika

Amerika Selatan

Afrika

Afrika

Asie

Asia

Austrálie

Australia

Atlantik

Atlantic

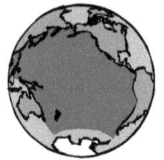

Pacifik

Pasifik

Indický oceán

Lautan Hindi

Jižní ledový oceán

Lautan Antartik

Severní ledový oceán

Lautan Artik

severní pól

Kutub utara

jižní pól
....
Kutub Selatan

Antarktida
....
Antartika

země
....
bumi

pevnina
....
tanah

moře
....
laut

ostrov
....
pulau

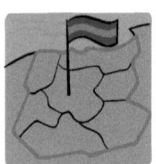

národ
....
negara

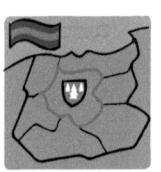

stát
....
negeri

ciferník
....
muka jam

hodinová ručička
....
tangan jam

minutová ručička
....
tangan minit

vteřinová ručička
....
terpakai

Kolik je hodin?
....
Jam berapa sekarang

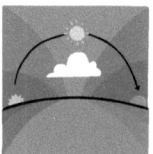

den
....
hari

čas
....
masa

teď
....
sekarang

digitální hodinky
....
jam digital

minuta
....
minit

hodina
....
jam

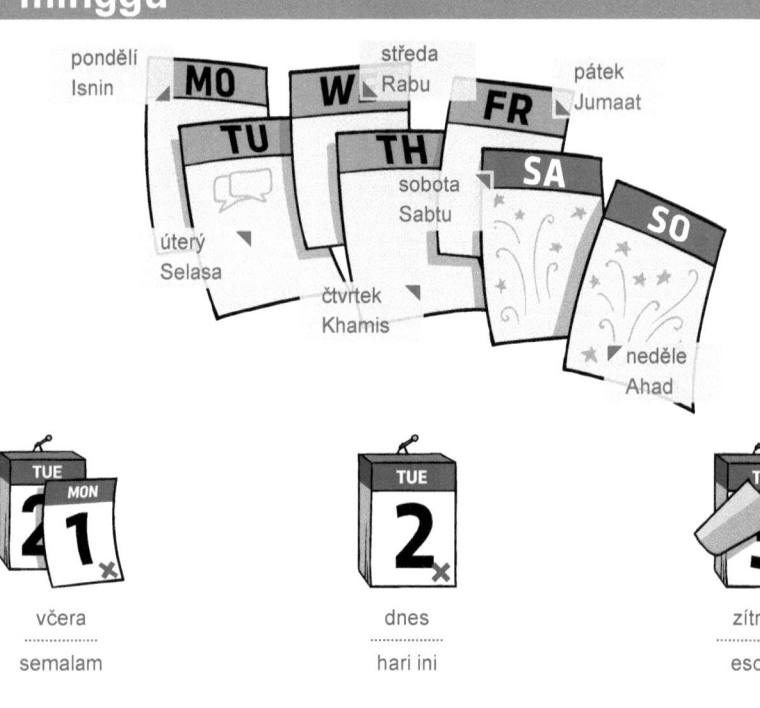

pondělí Isnin — MO
úterý Selasa — TU
středa Rabu — W
čtvrtek Khamis — TH
pátek Jumaat — FR
sobota Sabtu — SA
neděle Ahad — SO

včera
semalam

dnes
hari ini

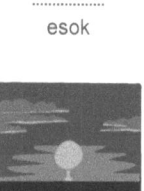

zítra
esok

ráno
pagi

poledne
tengah hari

večer
petang

MO	TU	WE	TH	FR	SA	SU
1	2	3	4	5	6	7
8	9	10	11	12	13	14
15	16	17	18	19	20	21
22	23	24	25	26	27	28
29	30	31	1	2	3	4

pracovní dny
hari kerja

MO	TU	WE	TH	FR	SA	SU
1	2	3	4	5	6	7
8	9	10	11	12	13	14
15	16	17	18	19	20	21
22	23	24	25	26	27	28
29	30	31	1	2	3	4

víkend
hari minggu

rok
tahun

duha
pelangi
déšť
hujan
sníh
salji
vítr
angin
jaro
musim bunga
podzim
musim luruh
léto
musim panas
zima
musim salji

4.APRIL 11°
5.APRIL 4°
6.APRIL 13°
7.APRIL 8°
8.APRIL 10°

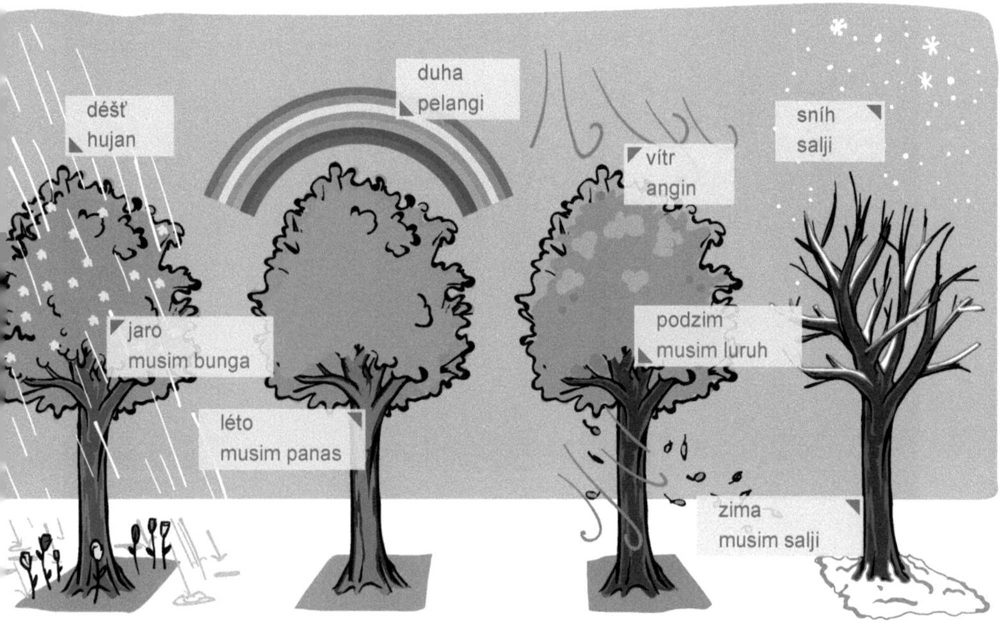

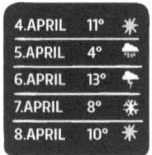

předpověď počasí

ramalan cuaca

F C
120 40
90 30
60 20
30 10
0 0
-30 -10
-20

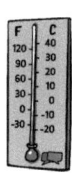

teploměr

termometer

sluneční svit

sinar matahari

mrak

awan

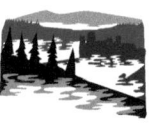

mlha

kabus

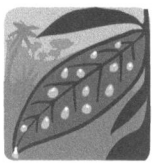

vlhkost

lembapan

blesk
....
kilat

hrom
....
petir

bouřka
....
ribut

kroupy
....
hujan batu

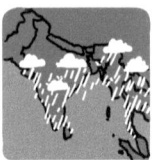

monzun
....
monsun

povodeň
....
banjir

led
....
ais

leden
....
Januari

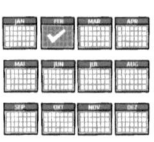

únor
....
Februari

březen
....
Mac

duben
....
April

květen
....
Mei

červen
....
Jun

červenec
....
Julai

srpen
....
Ogos

rok - tahun

září
....
September

říjen
....
Oktober

listopad
....
November

prosinec
....
Disember

tvary
bentuk

kruh
....
bulatan

čtverec
....
petak

obdélník
....
segi empat tepat

trojúhelník
....
segitiga

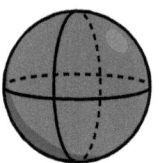

koule
....
sfera

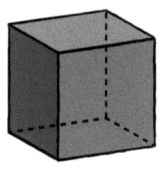

krychle
....
kiub

bílá
....
putih

žlutá
....
kuning

oranžová
....
oren

růžová
....
merah jambu

červená
....
merah

fialová
....
ungu

modrá
....
biru

zelená
....
hijau

hnědá
....
coklat

šedá
....
kelabu

černá
....
hitam

hodně / málo

banyak / sedikit

rozzuřený / mírumilovný

marah / tenang

krásný / ošklivý

cantik / hodoh

začátek / konec

bermula / tamat

velký / malý

besar kecil

světlý / tmavý

terang / gelap

bratr / sestra

abang / kakak

čistý / špinavý

bersih / kotor

úplný / neúplný

lengkap / tidak lengkap

den / noc

hari / malam

mrtvý / živý

mati / hidup

široký / úzký

luas / sempit

jedlý / nejedlý

boleh dimakan / tidak boleh dimakan

zlý / hodný

jahat / baik

vzrušený / znuděný

teruja / bosan

tlustý / hubený

gemuk / kurus

nejdříve / naposledy

pertama / terakhir

přítel / nepřítel

kawan / musuh

plný / prázdný

penuh / kosong

tvrdý / měkký

keras / lembut

těžký / lehký

berat / ringan

hlad / žízeň

lapar / dahaga

nemocný / zdravý

sakit / sihat

ilegální / legální

menyalahi undang-undang / undang-undang

inteligentní / hloupý

pintar / bodoh

vlevo / vpravo

kiri / kanan

blízko / daleko

dekat / jauh

nový / použitý

baru / lama

nic / něco

tiada / sesuatu

starý / mladý

tua / muda

zapnutý / vypnutý

hidup / mati

otevřeno / zavřeno

terbuka / tertutup

tichý / hlasitý

diam / bising

bohatý / chudý

kaya / miskin

správný / špatný

betul / salah

drsný / hladký

kasar / halus

smutný / šťastný

sedih / gembira

krátký / dlouhý

pendek / panjang

pomalý / rychlý

lambat / laju

vlhký / suchý

basah / kering

teplý / chladný

panas / sejuk

válka / mír

berperang / berdamai

0

nula

sifar

1

jedna

satu

2

dva

dua

3

tři

tiga

4

čtyři

empat

5

pět

lima

6

šest

enam

7

sedm

tujuh

8

osm

lapan

9

devět

sembilan

10

deset

sepuluh

11

jedenáct

sebelas

12	**13**	**14**
dvanáct	třináct	čtrnáct
dua belas	tiga belas	empat belas

15	**16**	**17**
patnáct	šestnáct	sedmnáct
lima belas	enam belas	tujuh belas

18	**19**	**20**
osmnáct	devatenáct	dvacet
lapan belas	Sembilan belas	dua puluh

100	**1.000**	**1.000.000**
sto	tisíc	milion
ratus	ribu	juta

angličtina
Bahasa Inggeris

americká angličtina
Bahasa Inggeris Amerika

standardní čínština
Bahasa Cina Mandarin

hindština
Bahasa Hindi

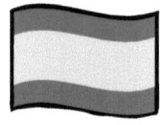

španělština
Bahasa Sepanyol

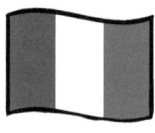

francouzština
Bahasa Perancis

arabština
Bahasa Arab

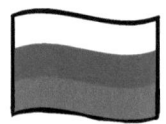

ruština
Bahasa Rusia

portugalština
Bahasa Portugis

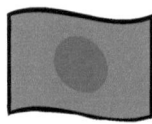

bengálština
Bahasa Benggali

němčina
Bahasa Jerman

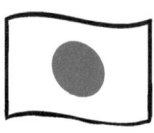

japonština
Bahasa Jepun

já
saya

ty
anda

on / ona / ono
dia / dia / ia

my
kita

vy
anda

oni
mereka

Kdo?
siapa?

Co?
apa?

Jak?
bagaimana?

Kde?
di mana?

Kdy?
bila?

jméno
nama

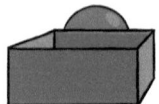

za
belakang

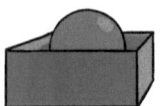

do
dalam

z
di hadapan

nad
lebih

na
pada

mezi
di bawah

vedle
bersebelahan

mezi
antara

místo
tempat